L'avocat des pêcheurs

L'avocat des pécheurs

~

ALDIVAN TORRES

CONTENTS

1 L'avocat Des Pécheurs   1

1

L'avocat des pêcheurs

L'avocat des pêcheurs
Aldivan Torres

Auteur : Aldivan Torres
2020 - Aldivan Torres
Tous droits réservés.

Ce livre, y compris toutes ses parties, est protégé par des droits d'auteur et ne peut être reproduit sans l'autorisation de l'auteur, revendu ou transféré.

Aldivan Torres, né au Brésil, est un écrivain consolidé dans plusieurs genres. À ce jour, il a publié des titres dans des dizaines de langues. Dès son plus jeune âge, il a toujours été un amoureux de l'art de l'écriture, ayant consolidé une carrière professionnelle dès le second semestre 2013. Il espère, avec ses écrits, contribuer à la culture brésilienne, éveillant le plaisir de lire chez ceux qui n'en ont pas encore l'habitude. Votre mission est de conquérir le cœur de chacun de vos lecteurs. Outre la littérature, ses principaux goûts sont la musique, les voyages, les amis, la famille et le plaisir de vivre. « Pour la littérature, l'égalité, la fraternité, la justice, la dignité et l'honneur de l'être humain toujours » est sa devise.

L'avocat des pécheurs
Notre Dame de Bonate
L'endroit
Le médium
Les apparences
Première apparence
Deuxième apparence
Troisième apparence
Quatrième apparition
Cinquième apparition
Sixième apparition
Septième apparence
Huitième apparence
Neuvième apparition
Dixième apparence
Dixième première apparition
Dixième apparition
Troisième apparence
Post-apparences
Notre Dame de toutes les nations
Un peu sur le médium
Demande de la Reine du Ciel
Principaux messages
Médiateur de toutes les grâces
Première apparence
Deuxième apparence
Message de la troisième apparence
Notre Dame, Reine de Turzovca
La Fontaine Miracle d'Okruhla
Vierge de Cuapa
La première apparition

La deuxième apparition
La troisième apparence
La quatrième apparence
La cinquième apparition
Notre-Dame Reine et messager de la paix
Principaux messages à Jacareí
Notre Immaculée Dame a Apparu Conception
Principaux messages sur la réserve
Chapitre spécial
Sous un arbre
Dans la maison de loterie
Dans la foule
Des miracles personnels
Message reçu quand j'ai commencé à écrire le livre

Notre Dame de Bonate

Ghiaie di Bonate-Italy-1944

L'endroit

Ghiaei di Bonate appartient au diocèse de Bergamo, à moins de dix kilomètres de la capitale. L'endroit est nommé d'après le sol lumineux de la rivière Brembo. À l'époque, c'était un endroit extrêmement dangereux à cause du bombardement durant la Seconde Guerre mondiale.

En cette période de détresse et d'incertitude, notre Dame semble à une fille de sept ans, apportant un message de paix et d'espoir au monde.

Le médium

À Torchio, Ghiae di Bonate, résidait la famille Roncalli composée de dix membres. C'était une famille humble, mais émotionnellement stabilisée avec la création d'enfants fondés sur des valeurs chrétiennes. Exemple pour les enfants, le père et la mère consacrés à leur travail pour donner aux enfants les conditions minimales de survie. Alors que son père travaillait comme travailleur dans une usine, sa mère faisait du travail à la main et des services domestiques. En outre, ils fournissent à leurs jeunes une affection et une attention dans leurs heures de travail. Ils étaient admirés par tous ceux qui les connaissaient. Tes sept filles et un fils étaient heureux.

Adélaïde était une des filles et à cette époque elle avait sept ans. J'étais étudiant de première année au lycée avec dévouement exclusif aux études. Elle était conduite, polie, gentille, saine, aimante et compréhensive avec tout le monde autour d'elle. Complètement simple, il n'a pas été traversé par sa tête étant choisie par la mère de Dieu comme porte-parole de ses messages à un monde en guerre, rendant son nom important et célèbre partout dans le monde.

Les apparences
Première apparence

13 mai 1944

C'est le matin. C'était samedi, promettant d'être dans la normale. Après se lever, se doucher et manger le petit déjeuner, Adélaïde a rencontré ses frères et ses amis sur la terrasse de sa maison, passant du temps sans plus de soucis. En ces moments de distraction, de complicité et d'harmonie, elle ressentait exactement le goût de l'enfance et de l'amitié.

Dans l'après-midi et la nuit, le déjeuner, lit un livre, nettoie, écoute la radio et le dîner. À 18 heures, je quitte la maison, obéissant à la demande de la mère de récupérer des fleurs de Sabugueira et de la laisser. Votre parent aimait avoir des fleurs décorant l'entrée de la maison.

Quand vous vous tenez devant l'image de la Dame, voici, la pensée même d'elle apparaît. La belle femme portait un ensemble blanc entier, avait une robe bleue, une couronne d'argent sur sa tête et une troisième pendaison sur son bras droit. La femme se dirigeait vers le médium accompagné de deux hommes plus tard reconnus comme Jose et Jésus. Quand il s'approchait, il a contacté :

Ne t'enfuis pas parce que je suis Notre Dame ! Vous devez être bon, obéissant, respectueux à l'autre et sincère. Priez bien et reviens ici pendant neuf nuits, toujours à cette heure.

Puis il a disparu comme de la fumée. La fille était étonnée et effrayée. Il est rentré parce qu'il est rentré chez lui pour dire à sa famille que c'était encore plus impressionné. Les choses de Dieu sont vraiment inexplicables.

Deuxième apparence

14 mai 1944

Adélaïde et ses amis se concentraient sur la prière avant l'oratoire. C'était un exercice quotidien, très rentable et agréable selon Dieu. Grâce à cet effort, ils pourraient obtenir suffisamment de conversions et de miracles pour que la Sainte Vierge soit plus impudente dans la région.

À un moment donné, le médium se sentait intimement déplacé pour revenir sur le site de la première apparition du saint miraculeux. Qu'est-ce que c'est ? À ce moment-là, rien ne soupçonnait les raisons de cela. Je suivrais la voix de votre intuition avec certitude que vous alliez de la bonne façon. Cette confiance en soi était le fruit de toute sa confiance en la dame éclairée.

Pour ne pas y aller seul, il a appelé quelques collègues hâtifs et anxieux. Pourquoi avez-vous ressenti ça alors que vous aviez déjà une expérience antérieure consolidée ? L'explication plausible était son entièrement sensible aux émotions surnaturelles. Elle et ses compagnons voyagent très vite. La pression est tellement qu'ils peuvent à peine voir le soleil lumière, les nuages blancs marcher dans le ciel, le vent fort et persistant frappant leurs épaules d'une voix mince les appelant de loin.

L'air du mystère était complètement impliqué dans l'expédition. La rupture se produit quand elle atteint le point souhaité. Qu'est-ce qu'ils voient ? Regardez-en haut, regardant deux colombes blanches. Un peu plus haut, un convoi brillant approche à grande vitesse, semblable à la figure de la famille sacrée. Le groupe obtient l'espérance. De l'intérieur de la perspective, l'image de la Reine du Ciel, aussi belle que la dernière fois. Quand elle se rapproche, elle demande :

« Vous devez être bon, obéissant, sincère, priez bien et soyez respectueux à l'autre. Entre les 14 et 15, vous deviendrez Mère sacramental. Tu souffriras beaucoup, mais ne te décourage pas parce que tu viendras avec moi au Paradis.

Quand tu as dit ça, tu as ouvert tes bras et tu l'as bénie. Il monta jusqu'à ce qu'il monte complètement à l'horizon, laissant une trace de tristesse et manqua. C'était sympa d'être devant la Sainte Mère, participant à de tels moments spéciaux. Selon l'accord, les filles ont commencé le plus silencieux chemin de retour. Ils ont trouvé un ami qui a fermement mis fin à un arrêt.

« Où étiez-vous les filles ? Il a demandé au garçon.

« Nous venons du pays. On vient de voir Notre Dame ! A revendiqué Adelaide.

« Retourne là-bas pour voir si elle apparaît encore et demander si je peux être prêtre consacrer ma vie à elle, il a accepté Adélaïde.

Alors que le médium s'est retiré, ils se sont reposés au milieu de la route, en jouant un peu du temps pour discuter un peu. Adelaïde était un compagnon vraiment admirable, gentil et utile. Il n'y avait pas de meilleure personne à être choisie par la mère de Dieu pour être son confident sur terre. La preuve de cela était son engagement social pour le prochain et sa livraison intense à l'Apollo Christian. Tout le monde était fier d'elle.

Pour se concentrer sur son but, le serviteur marcha rapidement le long de ces routes royales. Même pas la fatigue n'était pas une prévention pour vous de tenir votre promesse. Sa joie était précisément le fait qu'il se servit l'un l'autre. Noté, une vertu à louer et bénie par Dieu.

Quand il atteint la scène des apparences, il leva les yeux vers les cieux, en attendant avec foi une manifestation divine. Après quelques minutes d'attente, vos prières ont été répondues. Comme la foudre, de votre côté, votre avocat est apparu.

« Oui, il sera prêtre Missionnaire selon le Saint-Cœur, quand la guerre a pris fin, révélé la vénérable Marie.

Avec la mission accomplie, cette vision s'est déroulée lentement. La bonne a conservé son voyage en allant rencontrer ses collègues. Il leur a dit ce qu'il a entendu, et la joie du garçon était complète. Ensemble, ils sont retournés à leur demeure respective. Il y avait encore plus à faire pendant la journée avec la bénédiction de Dieu.

Troisième apparence

15 mai 1944

Le serviteur de Dieu était au même endroit que les autres apparences, exerçant son don religieux. Chacun de ces moments a été considéré sacré pour son sentiment heureux, accompli et rempli de paix sans fin. Incontesté, c'était une réalisation attribuée à la Reine sacrée du Ciel.

Immédiatement, un point lumineux et deux colombes blanches approchent de la scène. Il y avait certainement quelque chose de surnaturel à ce sujet, cette vénérable madame concentrait ses attentions sur les objets qui approchaient à une vitesse étonnante. De l'intérieur de la lumière, elle peut voir le mystère de la famille sacrée. Elle peut voir clairement les figures de Jésus et les personnages bien habillés, brillants, caractéristiques, imposantes et décisifs ports. C'est là qu'elle a commencé à contacter.

« S'il vous plaît, ma mère, je vous demande la guérison des gens qui vous cherchent et moi aussi demandons la paix avec la fin de la guerre qui en résulte.

« Dis-leur s'ils veulent que leurs enfants soient guéris, ils doivent prier dur et éviter certains péchés. Si les hommes font pénitence, la guerre prendra fin entre deux mois, sinon en moins de deux ans.

« Alors commençons à prier pendant que nous avons le temps.

« Oui. Je vais t'aider.

Les deux complices ont prié ensemble, une partie du troisième. Lentement, l'image de la famille sacrée disparaissait. La petite servante chercherait à divulguer parmi les connaissances et à pratiquer les conseils donnés par son maître. Il était encore temps de sauver le monde de la destruction totale.

Quatrième apparition

16 mai 1944

Hier soir, notre cher ami est revenu au même point. Directement, le point lumineux et les colombes sont revenus pour apparaître avec la manifestation de Jésus, José et Marie. La Sainte Vierge ouvre un grand sourire et changeant drastiquement ses traits à la tristesse dit :

« Tant de mères ont des enfants malheureux pour leurs péchés graves. Ne faites plus de péchés et les enfants guériront.

« Je veux un signal qui vient de vous pour satisfaire le désir des gens.

« Cela se produira aussi à temps. Priez pour les pauvres pécheurs qui ont besoin de prières d'enfants.

En regardant l'horizon, l'Immaculée soupirait et se lève selon le dévot. Une autre étape a été accomplie avec succès devant Dieu et le monde.

Cinquième apparition

17 mai 1944

Accomplis ses devoirs de la journée, notre sœur en Christ est retournée au site des apparences, en attendant un autre rendez-vous. Il n'a pas pris longtemps et la place lumineuse apparaît, Notre-Dame et huit anges. Elle est prête à la contacter.

« Je suis venu te faire confiance avec un secret. Dans un temps, la paix reviendra sur Terre avec la présence de mon fils divin restauré l'union entre les hommes. Elle naîtra au Brésil dans une réalité misérable face aux plus grands préjugés de la société. Il vient apporter la lumière !

« Comment et quand ?

« Toujours ne peut être révélé. Allez ! Dites à l'évêque et au pape le secret, je vous fais confiance… Je vous recommande de faire ce que j'ai dit, mais ne le dis à personne d'autre.

« D'accord !

« Soyez en paix !

L'apparence disparaissait lentement, et le médium commença à pleurer avec émotion et bonheur pour le monde d'avoir été grâce d'un autre don de Dieu. Rentrer chez vous, accomplir vos prières et dormir.

Sixième apparition

18 mai 1944

A l'endroit habituel, notre dame apparut avec deux colombes et des anges autour d'elle. Assis lentement a dit :

« Prière et pénitence. Priez pour les pécheurs les plus obstinés qui meurent en ce moment et qu'ils me blessent le cœur.

« Ok. Je le ferai. Quelle prière aimez-vous le plus ?

« La prière que j'aime le plus est la Sainte Marie.

Puis la vision a disparu. Pour l'honorer, le médium chante en son honneur. C'était toujours sympa de vous remercier pour tout ce qui se passait à cet endroit.

Septième apparence

19 mai 1944

Au lieu de prières, le serviteur voit le mystère de la famille sacrée dans une autre de leurs apparences. Vous avez vu Jésus, Marie et Joseph entièrement unis et habillés dans la lumière. En plus de cela, il a vu des anges autour de lui. Quel beau Dieu a été dans ses détails riches. Je ne croyais toujours pas avoir l'honneur de voir de telles choses.

« Notre Dame, les gens m'ont demandé de demander si les enfants malades doivent être amenés ici, afin qu'ils puissent guérir.

« Non, il n'y a pas besoin que tout le monde vienne ici. Ceux qui peuvent, viennent. Selon vos sacrifices, vous serez guéris, ou vous resterez malade, mais ne faites plus de péchés graves.

« Pouvez-vous faire un miracle, pour que les gens puissent croire ?

« Cela arrivera, beaucoup se convertiront, et je serai reconnu par l'Église. Méditer dans ces mots tous les jours de ta vie. Avoir du courage dans toutes les difficultés. Tu me verras au moment de ta mort, je te mettrai sous ma robe et tu iras au paradis.

Une fumée remplit l'environnement et la vulnérabilité de la mère de Dieu est morte. Très joyeux à la promesse du saint, Adélaïde se repose, pensant à tous les faits récents. Sa foi en Dieu a grandi de plus en plus est un fait à célébrer.

Huitième apparence

20 mai 1944

En plus de la Pierre, la servante divine a lutté dans ses prières, en attendant un autre événement surnaturel. En assistant à ses plaidoyers, la famille sacrée est revenue à lui à nouveau, unie par la cause.

« Demain sera la dernière fois que je vous parle, puis sept jours, je vous laisserai réfléchir à ce que je vous ai dit. Tu essaies juste de comprendre parce que quand tu es plus grand, ça te fera beaucoup si tu veux être à moi. Après ces sept jours, je reviendrai quatre fois, tu as réclamé la Notre-Dame.

« Mais tu me quitteras, ma mère ?

« Jamais. Dans mon cœur, il y aura toujours un endroit captif pour vous. Je serai à ton côté spirituel, suggérant de bonnes actions.

« Bien. Je regarde vos messages et je sors autant de gens que possible.

« Très bien. Continue à faire ça, surtout pour les pauvres pécheurs. Il y a beaucoup de gens perdus parce qu'il n'y a pas de sacrifices ou de demandes.

« Il y a un certain allié en moi.

« Je le sais. Que Dieu vous couvre de bénédictions !

Changeant la direction de l'œil, l'âme de la reine des cieux s'est fixée sur le chemin du ciel. La mission de la journée fut, pour ainsi dire, accomplie.

Neuvième apparition

21 mai 1944

Les deux mêmes colombes apparaissent comme toujours annonçant la manifestation de la famille sacrée étant au milieu de l'Église. Quatre animaux se trouvaient devant la porte principale, un âne gris, un mouton blanc, un chien blanc et un cheval brun. À genoux, les animaux ont prié. Parmi eux, le cheval se leva et se déplaça dans le champ de Lily, où il les piétina avec la perversité. Jose l'a suivi et évité tout dommage majeur. Puis il retourna à la porte de l'église pour reprendre les prières. Dans l'affaire en question, le cheval représente le cheval d'une faction familiale ou religieuse. Loin de ses affaires, causent la ruine et le désordre. Alors que nous retournons à l'acte, les choses sont en tête de la réussite aidée par l'ampleur, la foi et l'attitude représentées par d'autres animaux.

Dixième apparence

28 mai 1944

C'était le jour de la première communion de ce serviteur dévoué de Marie. C'était un moment singulier de donner ton cœur à Dieu. Plus que jamais, j'ai compris le sens de sa mission : combattre pour la paix et la conversion des pauvres pécheurs.

Rentrant à la maison, il s'est rencontré en même temps qu'auparavant, en présentant ses offres sincères. C'est là que le spot lumineux a amené avec lui la mère de Dieu et deux saints, Saint Lucas et Saint Judas.

« Priez pour les pécheurs obstinés qui font souffrir mon cœur parce qu'ils ne pensent pas à la mort. Priez pour le Saint Père qui traverse un mauvais moment. Tant d'abus lui et beaucoup de tentatives sur sa vie. Je le protégerai, et il ne quittera pas le Vatican. La paix ne prendra pas longtemps, mais mon cœur attend la paix mondiale dans laquelle chacun s'aime comme frères. Ce n'est qu'alors que le Pape souffrira moins, recommandé notre Sainte Mère.

Le regard de Marie a apporté la sérénité et la compassion pour les erreurs de son serviteur. De son côté, deux colombes noires symbolisent le syndicat de la famille et son soutien à l'humanité tout entière. Avec tous ces éléments, l'apôtre se sentait en sécurité à suivre ses rêves et ses buts. J'ai fait cela en l'honneur de la Sainte Mère et de notre Seigneur Jésus Christ. Détendez-vous, l'acheteur se déplaçait peu à peu jusqu'à ce qu'il disparaisse complètement. Pour le moment, Adélaïde s'était reposée de son travail avec beaucoup plus d'optimisme et d'espoir qu'une fois. La miséricorde avait gagné la justice.

Dixième première apparition

29 mai 1944

Ce jour-là, notre Dame avec des anges en robe rouge. Il portait les deux colombes noires et, sur son bras, il pendait la troisième. Ouvrant un sourire léger, la reine des cieux dit :

« Les malades qui veulent guérir doivent avoir une confiance accrue et sanctifier leurs souffrances s'ils veulent aller au ciel. Si tu ne le fais pas, tu n'auras pas de prix et tu seras sévèrement puni. J'espère que tous ceux qui connaissent ma parole font tous les efforts pour mériter le ciel. Ceux qui souffrent sans regret obtiendront de moi et de mon fils tout ce qu'ils demandent. Priez pour ceux qui ont l'âme malade. Mon fils Jésus est mort à la Croix pour sauver tout le monde. Beaucoup de gens ne comprennent pas ces mots, et c'est pour ça que je souffre.

« Oui, je continuerai avec mes prières en faveur des pauvres pécheurs, assuré les dévots.

« Bien ! Je suis heureux pour eux !

En envoyant un baiser, la Sainte Vierge a été éloignée des anges et des colombes. Seul, notre sœur en Christ cherchait des solutions internes pour ses peurs et pourtant des projets non réalisés. La seule chose qu'il avait laissée était la foi en Notre-Dame, et cela suffisait pour lui-même.

Dixième apparition

30 mai 1944

Ce fut un jour comme n'importe quel autre jour jusqu'au moment exact où la pitié se manifesta encore avec les anges volant d'un côté à l'autre. Brillant comme léger et habillé d'un goût admirable, reflétait ses intentions nobles à travers la robe rose et le voile blanc. Après un bref souffle, il communiqua :

« Chère fille, vous êtes tous à moi, mais même si vous êtes dans mon cœur demain, demain, je vous laisserai dans cette vallée de larmes et de douleurs. Tu me verras au moment de ta mort et enveloppé dans mon voile, je te conduirai au ciel. Avec vous, il y aura tous ceux qui comprennent et souffrent.

« Déjà ? Que deviendra-t-il de moi sans mon protecteur ?

« Qu'est-ce que ça dit ? Je n'aurais jamais eu le courage de l'abandonner. Je serai présent en tout temps suggérant de bonnes actions, réconfortant vos douleurs, vos victoires et vos défaites. Mais je serai invisible. Il est raisonnable de comprendre que je n'appartiens pas à ce monde, et donc tu ne pourras plus me voir.

« Je comprends, même avec le triste cœur. Donne-moi de la force, ma mère.

« Je serai toujours avec toi ! Une force supérieure m'appelle. À la prochaine fois !

« À plus tard.

Seul, le chrétien n'avait pas d'autre choix que de se reposer, pensant à tous ces faits si révélateurs et lourds. Ça n'avait pas encore fini.

Troisième apparence

31 mai 1944

C'est l'aube. Le nouveau jour a apporté des émotions et des actions imprégnées d'un sentiment d'adieu. Notre cher médium a continué à penser à sa religion, aux raisons de sa mission, aux gens qui l'accompagnaient, à la foi en Dieu et à elle-même et à sa liberté.

En tant que bon citoyen, il accomplissait exemplairement ses tâches, portant un poids douloureux invisible. C'était comme s'ils voulaient arracher un morceau de leur cœur et le laisser sans sentiments ni âme. Plus que tout, il se sentait comme une personne du ciel en raison de leurs valeurs, croyances, actions, œuvres et bonté. Son désir immédiat était de voler au ciel et de vivre avec Jésus et sa mère bien-aimée. C'est égoïste de vous ? Contrairement à ce qu'elle pensait, Dieu l'utiliserait comme instrument divin de réconciliation avec l'humanité impliquée dans les ténèbres denses. Sa vie, ainsi que d'autres consécrations, constituaient un jalon.

Au crépuscule, il se rassembla pitié de l'endroit habituel. Une vigile très intense fut suivie, où son entité adorée apparut environ vingt heures. Votre apparence s'est avérée exactement comme la première fois avec un regard plus heureux, sérieusement, décidé et ferme.

« Ma chère petite fille, je suis désolé de devoir vous quitter, mais mon temps est passé. N'aie pas peur si tu ne me vois pas un moment. Pensez à ce que je vous ai dit, au moment de votre mort, je reviendrai. Dans cette vallée de la douleur, vous serez un petit martyr. Ne perds pas ton culot. Je souhaite bientôt mon triomphe. Priez pour le pape et lui dites de le faire rapidement parce que je veux être zélé pour tous ici. Je vais intercéder avec mon fils. Je serai votre récompense si votre martyre est joyeux. Ces mots vous serviront de confort dans l'épreuve. Soutenez tout avec patience et venez avec moi au paradis. Ceux qui vous feront souffrir volontiers ne vont pas au ciel s'ils n'ont pas tout réparé et regretté profondément. Soyez heureux, car nous vous verrons encore, mon petit martyr.

« Oh, ce que je ressens et me réjouisse en même temps ! Va en paix, ma sainte mère. J'apprécie cette fois ensemble et j'ai appris par conséquent. Je ne reposerai pas dans mes prières pour gagner le monde.

« Vous avez certainement gagné ! Garde la foi en mon fils divin et moi. Priez pour les pécheurs et les trompeurs !

« Oui ! Ensemble, nous gagnerons les ténèbres.

« Amen. Soyez en paix.

Notre dame lui a donné un baiser doux sur son visage et les larmes n'ont cessé de tomber du Serviteur. Lentement, la figure de la mère de Dieu s'éloignait avec la certitude d'un cycle de plus accompli. Bientôt elle reviendrait pour aider ses enfants bien-aimés partout sur la terre. Vive la Sainte Mère de Dieu.

Post-apparences

Les nouvelles des apparences se répandirent bientôt pour faire de la petite dame une célébrité. Par conséquent, elle a suscité beaucoup d'envie de certains courants chrétiens. Elle est devenue la cible d'une poursuite, et ayant si peu d'expérience finit par la mettre en contradiction devant les faits.

Le pire scénario était de dessiner. Vous avez été pratiquement forcé de signer un terme négatif sur les apparences, pesant considérablement dans le processus de reconnaissance des faits signalés. Invaincue, elle essaya de passer à la vie religieuse en entrant dans le couvent quand elle avait 15 ans.

Encore une fois, les forces de l'obscurité vous ont fait du mal, ce qui a entraîné votre expulsion de l'institution.

Mais la jeune dame ne s'est pas laissée tomber. Il se maria et déménagea à Milan où il s'occupa des pauvres, des malades, des orphelins et des veuves étant un véritable exemple chrétien. En vérité, aucune force sur terre ne pourra vous empêcher de bonheur. En outre, il a réaffirmé les faits qui se sont produits devant les autorités. Le monde aurait à connaître la disposition prête de Marie pour aider ses enfants, et elle en a la preuve vivante.

Notre Dame de toutes les nations

Amsterdam-Holland (1945-1972)

Un peu sur le médium

Né le 13 août 1905 à Alkmaar en Hollande, Ida Peerdeman était le plus jeune de cinq frères. De la naissance, de l'enfance et de la jeunesse qu'elle a démontré une belle sensibilité humaine à d'autres personnes. En plus, elle était polie, responsable, dur, aimante, religieuse et exercée la pratique du bien. Pas étonnant, elle a été choisie par notre mère pour être son porte-parole parmi les hommes. Il y a eu plusieurs apparitions dans les longues années et pour ne pas trop étirer, nous irons aux points principaux de cet événement.

Demande de la Reine du Ciel

« Seigneur Jésus Christ, Fils du Père, envoie ton esprit sur la terre. Il fait habiter l'Esprit Saint dans le cœur de tous les peuples, pour être préservé de la corruption, de la calamité et de la guerre. Que la Dame de tout le peuple, qui était autrefois MARY, soit notre avocat. Amen.

« Qu'elle soit traitée par l'humanité comme un couloir, médiateur, avocat, chemin, exemple et mère fraternelle.

« Votre titre concernant cette apparence serait : « Dame de tous les gens ».

« La croix doit être le plus grand symbole du christianisme de toutes les manières.

« Pratiquez et répandez sans cesse la dévotion du Rosario.

« Laissez les gens faire la pénitence, analyser leurs échecs, les corriger avec la résolution ferme du changement pour le mieux.

« Laissez les ecclésiastiques donner un bon exemple pour que leurs fruits soient visibles pour tous. En fait, les bons fruits proviennent de seulement de bons arbres.

« Il n'y a pas d'autre moyen de combattre le mal, mais par le bien. Les chrétiens doivent s'unir autour de la croix bénie et de leur mère compatissante pour qu'ils puissent vaincre le mal.

« Les hommes doivent chercher une relation avec un Dieu complet, transparent et digne. Suivez les commandements et les lois divines en particulier qui résume toutes les autres, aiment Dieu sur toutes choses, à l'autre comme vous-même.

« Montrer une performance efficace comme apôtre du bien dans les piliers : justice, amour, miséricorde, charité, sympathie, Bonanza, foi, tolérance, tolérance, égalité.

Principaux messages

« Ne demandez pas de signes. C'est une tentation. Il n'y a pas de preuve plus grande que mes paroles.

« Il est temps pour l'Esprit Saint de venir sur toute l'humanité.

« Les temps difficiles viennent sur la face de la terre. Temps d'agitation, turbulence, mensonges, perversion, subversion, incrédulité, poursuite des chrétiens et des gens qui veulent diriger le monde.

« La corruption est celle qui provoque la désintégration du monde.

« Les hommes n'ont pas réalisé à quel point le monde est mauvais.

« Ils veulent anéantir les religions d'une manière que personne ne remarquera.

« Le mal se propage partout dans le monde.

« Il y a beaucoup de faux prophètes qui, au lieu d'aider le Christ, servent les buts de Satan.

« De plus en plus, Satan corrompt le monde avec ses séductions.

« Les gens sont plus préoccupés par les choses matérielles, leur salut.

« Les jeunes manquent d'orientation et de stimulation, de sorte qu'ils poussent de bonnes valeurs et suivent une vie religieuse idiote.

« Marie a été envoyée par le Seigneur des armées pour aider ses enfants. C'est pourquoi elle s'appelle « Dame de tout peuple ».

« Devant Dieu et Marie, les fidèles se joignent à la certitude de Dieu et, ce qui a donné lieu à la protection céleste.

« Les chrétiens doivent s'unir autour de la figure de Jésus-Christ, car il est le seul à pouvoir sauver.

« Plus que l'orientation, les jeunes ont besoin de votre aide et de votre compréhension.

« Le but des apparences est d'avertir les pécheurs de sortir, d'obtenir le pardon des péchés et de se sauver.

« Ce n'est qu'en vous donnant au Messie que nous pouvons atteindre la paix.

« Croyez en Dieu et en son fils, et puis la paix restera avec vous.

« J'ai fait pénitence pour le monde. De cette façon, le salut viendra.

« Les lois divines et ses mises à jour valent chaque fois comme si elles étaient nouvelles.

« Le père et le fils ont envoyé Marie comme correspondant, médiateur, avocat et mère de toute l'humanité.

« Les gens du monde ne trouveront pas la paix tant qu'ils ne se soumettront pas à la croix.

Vous choisissez les plus faibles et purs pour les plus grandes missions.

Médiateur de toutes les grâces

Marienfried-Allemagne-1946

Première apparence

25 avril 1946

Il y a du tonnerre, puis Mary semble comme la foudre devant la voyante Barbara Reuss. Avec un regard triste et complaisant, le contact a commencé.

« Il y avait la plus grande confiance et où les hommes que je peux tout faire, et je répandrai la paix. Après que tous les hommes croient en mon pouvoir, la paix régnera. Je suis le signe de Dieu vivant. J'imprime mon signal sur le devant de mes enfants. L'étoile le poursuivra, mais il battra l'étoile.

« Qui êtes-vous ? Elle a demandé à la jeune femme.

« Si je n'avais pas ce voile, tu me reconnaîtrais. Je suis le médiateur de toute grâce.

« Oui ! Que voulez-vous ?

« Je suis venu pour passer la paix du Christ.

« Pourquoi tu fais triste ?

« Mes enfants m'oublient. C'est pour ça que je suis en deuil.

« Quelles en sont les conséquences ?

« Vous ne pourrez pas atteindre devant Dieu.

« Que pouvons-nous faire alors ?

« Priez pour tous les pécheurs. Agissant ainsi, ma grâce restera avec vous en tout temps.

« Je vais le faire ! Merci !

« Je suis content. Maintenant, je dois y aller. Dieu soit avec toi.

« Amen.

La belle dame a changé le look et monté ensuite. La première partie de la mission était de parler complète.

Deuxième apparence

25 mai 1946

Au même endroit que toujours, la providence divine se manifesta à nouveau. Les deux femmes ont traversé le regard de la complicité totale. Il y avait quelque chose à dire entre eux.

« Je suis le grand médiateur de Grace. De même que le monde ne trouve pas Mercy près du père, sauf le sacrifice du fils, donc vous ne pouvez pas être entendus par mon fils, sauf par mon intercession. CHRIST est peu connu parce que je ne suis pas connu. Le Père a renversé le calice de sa colère sur les peuples parce que ceux-ci refusaient son fils. Le monde a été consacré à mon cœur Immaculé, mais cette consécration est devenue une grande responsabilité. Je demande au monde de vivre cette consécration. Vous avez une confiance illimitée dans mon cœur Immaculé. Croyez-moi. Je peux tout le temps avec mon fils. Mettez en place votre cœur taché par le péché, mon cœur Immaculé, et puis je le serai. Je tirerai la force de Dieu, et l'amour du Père vous reproduira à nouveau à l'image parfaite de CHRIST. Écoutez ma demande afin que je puisse bientôt régner en tant que roi de la paix. Priez et sacrifiez-vous pour les pécheurs. Je vous ai offert, par mon intermédiaire, et toute votre action au père. Je vous mets à ma disposition. Priez le Rosario. Ne demande pas juste des marchandises matérielles. Maintenant, il s'agit de prier pour quelque chose qui vaut beaucoup plus. N'attendez pas de miracles. Je veux agir comme le grand médiateur de Grace. C'est la paix du cœur que je vous souhaite d'accorder, si vous faites ce que je demande.

Cela dit, la vierge sourit et disparaît. Seul, la servante rassembla les éléments obtenus et les relia à sa mission personnelle. Il était encore temps d'agir pour le monde.

Message de la troisième apparence

25 juin 1946

« J'ai offert beaucoup de sacrifices. J'ai fait de votre prière un sacrifice. Ne sois pas égoïste. Ce que ça vaut, c'est que ça offre à l'Eternel Gloria et à l'expiation. Si vous êtes complètement à ma disposition, je vais m'en occuper. Je porterai mes fils bien-aimés de croix lourdes parce que je l'aime dans mon fils immolé. Je vous demande, soyez prêt à porter la croix, à venir bientôt à la paix.

Notre Dame, Reine de Turzovca

Slovaquie-1958

Matus était un garde-fou. Levé sans mère, apprit la base du christianisme tout seul et décida de le suivre. Il était un homme simple, craint et fidèle en Dieu et en Notre Dame.

Le 1er juin 1958, Matos faisait les routines à Okruhla, scie près de Turzovka. En plus du travail lui-même, il aimait marcher, écouter les chants des oiseaux, sentir la chaleur du soleil et la brise froide frappant son visage. Avec la nature, il se sentait plus proche du divin. Dès qu'il atteignit le côté de la montagne nommée Zivcak, il pria devant l'image de Notre Dame d'aide perpétuelle sous un pin.

Il a commencé les prières de notre beau-Père et de la Sainte Marie. Mais avant qu'elle ne soit terminée, elle fut surprise par une démonstration divine. Comme si c'était un flash de lumière, l'image d'une femme apparaissait devant lui. La belle figure avait ses mains pliées et portait une couronne brillante. Ses cheveux étaient longs, il portait une sangle bleue et à côté de ses pieds étaient des roses parfumées. Sur son bras droit, il portait un rosaire.

Tu as marché un peu et Matus l'a suivie. Dans un champ de roses blanches, la clôture a été endommagée. La femme pointait vers un marteau et des ongles. Le médium a alors compris qu'il devait le réparer. Heures sur le fil, il a travaillé sur ce boulot. En concluant, la dame a montré l'un de ses plus beaux sourires. En étendant son bras, le serviteur toucha le chapelet et sentit instantanément l'envie de pratiquer cette dévotion, même s'il ne le savait même pas.

La dame a changé la direction de son regard dans l'arbre où son image était abritée. Dans le médium, le médium peut voir un écran montrant les territoires du monde. Avec des pays représentés par diverses couleurs, le vert signifiait "Nice to Dieu" et les nations déserteurs représentées jaunes. Dans un instant, le monde semblait brûler. C'est là que le message suivant est apparu : « Repentez-vous ! Priez pour les prêtres et les religieux ! Priez le Rosario !

Matus a eu peur, et il a regardé sa dame. Elle lui demanda de l'observer un peu au-dessus d'elle. C'est là qu'un bang s'est produit et le ciel s'est dégagé comme la foudre du ciel, la figure du Christ lui-même. Il est venu avec Majesté et autorité. Il portait une robe blanche et une cape rouge. Sur le côté gauche, il portait une croix et pouvait clairement voir son cœur sacré au centre de sa poitrine, puni par des péchés humains. De l'intérieur, trois rayons réanimés sortirent. Coincé avec tant d'émotions, le garde s'est évanoui.

Quelques minutes plus tard, je me suis réveillé en raison du fort bruit des cloches venant de l'église la plus proche parce que c'était le moment d'Angeles. Il s'est assis, réfléchissant à tous les faits pendant quelques instants. Instinctivement, il a pris le chapelet laissé par la dame et s'est mis à prier, inspiré par une plus grande force. Lorsque cet exercice a été terminé, tout semblait plus clair comme sa propre déclaration transcrite ci-dessous : « Après l'apparition, j'ai ressenti une grande infusion de foi. Tout d'abord, j'ai dû faire la paix avec les personnes que j'avais en conflit avec moi. J'aurais aimé pouvoir éviter cela, mais j'ai eu l'impression de devoir le faire. Après mon retour de la montagne la même nuit, je suis allé demander pardon à tous les habitants de Turzovka et des environs. Je l'ai fait comme contre mon propre gré. Et il m'a fallu tard le soir. Les gens ont été surpris, certains se sont moqués de moi, d'autres pensaient que j'étais devenu fou. Le lendemain, le matin, j'ai fait une confession et je suis allé en communion. À partir de ce moment, j'ai été guéri de toutes mes maladies. Tout d'abord, la forte toux que j'ai eue et qui m'a dérangé pendant de nombreuses années et que les médecins ont dit que c'était incurable. »

Après cette journée, il y avait six autres apparitions de la Vierge au médium. Chaque vision a apporté un message important à l'humanité. Avec la divulgation des faits, beaucoup envient sa condition et l'orchestrent une trahison. Il a fini par être arrêté par les communistes et considéré comme fou. Dans l'hôpital psychiatrique, il a subi l'électrocution, l'hypnotisme, la guérison chimique et les interrogatoires constants. Cependant, sa foi en Dieu et notre Dame sont restées intactes.

La Fontaine Miracle d'Okruhla

Un homme nommé Jaroslav Zaalenka a fait un rêve sur une belle femme vous demandant d'aller à la montagne d'Okruha. Après trois jours, il est allé répondre à cette demande. En haut des sentiers raides de l'endroit, il se demandait s'il était en parfait sens pour suivre la recommandation d'un rêve. C'était une montée douloureuse et fatigante, et ça devrait en valoir la peine.

Quand il a atteint le sommet, il a choisi un endroit rocheux pour creuser. Bientôt, la belle dame vous apparut au bon endroit, disparaissant juste après. Votre travail a été récompensant par la découverte d'une source d'eau claire. Les mots se répandent et les gens qui ont pris de l'eau ont été guéris immédiatement de leurs maux. Cures de cancer du poumon, cécité, paralysie entre autres. Elle a été conçue pour la prophétie suivante : « Dans quelques années, vous aurez un autre Lourdes en Slovaquie, où vous allez en pèlerinage. »

Vierge de Cuapa

Cuapa-Nicaragua-1980

Bernardo Martinez était responsable de la chapelle Cuapa. Depuis mars 1980, des conseils étranges ont commencé à se produire autour de vous. Faisons face à cela, à maintes reprises, ce serviteur de Dieu a trouvé des lumières allumées dans la chapelle et vit une fois encore l'image du saint éclairé. En enquêtant sur les affaires, il n'a trouvé aucune explication plausible pour la même chose. C'est là que ça a été plus confus, avec plusieurs hypothèses qui traversent votre esprit.

Un jour, il a dit à certaines personnes ce qui lui est arrivé, demandant la discrétion. Ce n'était pour rien parce que bientôt beaucoup de gens connaissaient le fait. La nouvelle a atteint les oreilles du prêtre de la ville, qui s'intéressait à l'histoire et est allée le rencontrer pour résoudre quelques questions.

« Est-il vrai ce qu'ils ont dit sur les manifestations ici dans l'Église ?

« Oui. Tout est vrai, Père.

« Dis-moi tout.

« Pendant de nombreuses fois, j'ai trouvé des lumières allumées dans l'église sans explication. Une autre fois, j'ai vu l'image du saint éclairé.

« Ok. Pourquoi pries-tu ?

« Le chapelet et trois saluent Marie. Comme j'étais enfant, ma grand-mère m'a appris à être dévouée à la Dame.

« Pouvez-vous demander à la vierge ce qu'elle veut de nous ? Et si elle peut être clairement manifestée ?

« Je peux essayer.

« Merci. Mes prières seront avec toi, fiston.

« Merci.

« Maintenant, je dois y aller. N'importe quelle nouvelle, faites-moi savoir.

« Oui.

Le prêtre est revenu à la ville pour remplir ses fonctions pendant que le médium pensait à sa demande. Comment feriez-vous ça maintenant ? La dernière chose que je voulais, c'était des complications. Donc, dès que vous pourriez prier comme ça :

« Sainte Mère, ne me demande rien. J'ai beaucoup de problèmes à l'église. Faites vos demandes à quelqu'un d'autre parce que je veux éviter d'autres problèmes. J'en ai beaucoup pour le moment. Je n'en veux plus.

Ça fait un peu de temps et l'histoire de l'image a été oubliée. Quant à Bernardo, il a continué dans ses prières quotidiennes. Intéressant, la Sainte Vierge l'a préparée pour sa mission d'être porte-parole pour ses messages.

La première apparition

C'était tôt mai. Dans cette période, Bernardo a été confronté à une crise interne en raison du manque d'argent, de professionnels, de religions et de spiritualité. Tout cela était une forte dépression et, par conséquent, il manquait de motivation pour mener les activités capricieuses de jour en jour. Vivait une nuit sombre, méchante nuit sombre, nuit sombre sans perspective de solutions immédiates.

En deuxième pensée, son esprit demanda un cri de liberté. La seule façon de se rendre à son esprit était de marcher et de poisson dans la rivière parce qu'elle était toujours une activité agréable et détendue pour lui.

Alors, tu l'as fait. Il s'est levé tôt avec un sac et une machette. En route, sa pensée était liée à la nature et aux sensations qui étaient causées. Tout était vraiment revigorant et prometteur, le soleil chaud, la brise mince, les rochers du chemin qui cherchaient à lui parler, les épines, les griffes, les arbres, la montagne et son adversité. Être sur le chemin, il y avait semblable à la tâche d'un jeune rêveur brésilien qui n'a jamais abandonné ses rêves. Même si je ne savais pas que la situation était presque pareille.

Quand il est arrivé à la rivière, la distraction a été abandonnée. Il prit un bain, pêchait et reposait dans ces eaux limpides données par Dieu, compréhensible un petit mystère divin. C'était sympa de vivre ce moment misogyne. Aucun problème ne vous a touché à ce moment-là, étant crédité à un miracle de la Reine du Ciel.

Il est arrivé l'après-midi et l'extase était si géniale que l'homme n'avait pas faim ni besoin. Peu après, il pleut, il se réfugiait sous un arbre. Occupé, a commencé à prier le rosaire. Quand le temps s'est amélioré, il est allé à un tuyau pour manger des fruits, couper une branche dans les bois et s'est rendu à d'autres arbres pour obtenir des fruits. Quand tu as réalisé, il était à trois heures de l'après-midi. À ce moment, une angoisse traversa son cœur pour connaître ses devoirs dans la ville. Quel dommage ! J'étais si heureuse là-bas, tout comme si le reste n'avait pas d'importance.

En marchant vers un autre point, la foudre a vu. Il allait pleuvoir ? Le temps n'a pas pu signer ça, et il l'a encore plus impressionné. Plus loin, le phénomène se répète. Sur l'écran de son esprit, la figure d'une belle femme majestueuse apparaît. Voyons la description exacte du médium sur ce qui s'est passé :

Il y avait un petit arbre à Norisco au-dessus des rochers et au-dessus de cet arbre était le nuage, il était extrêmement blanc. Il frapperait dans toutes les directions, des rayons de lumière comme le soleil. Dans le nuage, il y avait les pieds d'une belle dame. Ses pieds étaient nus. La robe était longue et blanche. Elle avait une corde céleste autour de sa poitrine. Des manches longues. Couvrir c'était un voile d'une crème pâle avec de la broderie d'or sur les bords. Ses mains étaient posées ensemble sur sa poitrine. On dirait l'image de la Vierge de Fatima. C'était toujours.

Devant l'inhabituel, l'homme se sentait surpris. Des milliers de pensées indépendantes passaient par votre tête en montrant les motifs possibles de cela. Pensant que c'est un rêve, il lui gifle le visage avec les mains. Mais quand je les ai enlevés, l'étrange figure est restée au même endroit pour le regarder. Vous vous êtes convaincu de la vérité des faits. Puis la femme étendit ses bras vers elle, et elle émana d'un rayon de lumière forte. Le sentiment que causé par cette action rend le médium perplexe. Il se sentait avec un indescriptible, confiant et plein de bonheur jamais vécu. J'en avais besoin parce que j'enquête sur les faits avant même que la peur gelée ne provoque maintenant.

« Quel est votre nom ?

« Mary.

« D'où viens-tu ?

« Je suis venu du ciel. Je suis la mère de Jésus.

« Que voulez-vous ?

« Je veux que Rosario soit priée chaque jour.

« Oui, nous prions. Le prêtre nous a apporté les intentions de la paroisse de San Francisco afin que nous puissions les rejoindre.

« Je veux que vous soyez prié en permanence, dans la famille, y compris les enfants assez âgés pour comprendre, pour être prié à un moment où il n'y a pas de problème avec l'œuvre de la maison.

« Comment voulez-vous que nous priions ?

"Vous n'aimez pas les prières qui courent ou mécaniquement. Priez le Rosario avec la lecture des citations bibliques et mettez en pratique la parole de Dieu.

"Comment ? Où sont les citations bibliques ?

"Recherchez le livre saint avec sagesse. Tu les trouveras.

"Quel est le plus haut commandement ?

"Amour l'un l'autre. Fais ton devoir.

"Bien ! Ma chère reine, comment pouvons-nous atteindre la paix ?

"Fais la paix. Ne demandez pas à notre Seigneur de la paix parce que si vous ne faites pas, il n'y aura pas de paix.

"J'ai compris ! Comment obtenez-vous votre aide et votre grâce ?

"Renouvelez les cinq premiers samedis. Tu as eu beaucoup de remerciements quand tout le monde a fait ça.

"Avant la guerre, on faisait ça. Nous allions confesser et communier tous les premiers samedis du mois, mais comme le Seigneur nous avait déjà libérés de sang à Cuapa, nous n'avons pas continué avec cette pratique.

"Le Nicaragua a beaucoup souffert depuis le séisme. Elle est menacée de souffrance encore plus. Elle continuera à souffrir si tu ne changes pas.

Mary a fait une pause. Ton look sérieux a changé en face de chagrin rapidement. Puis elle a continué :

"Priez mon fils, Rosario, partout dans le monde. Dites aux croyants et non aux croyants que le monde est menacé par de graves dangers. J'ai demandé au Seigneur de ralentir sa justice, mais si vous ne changez pas, vous allez précipiter l'arrivée de la III Guerre mondiale.

« Madame, je ne veux pas de problèmes, j'en ai beaucoup à l'église. Dis ça à quelqu'un d'autre.

"Maintenant parce que notre Seigneur l'a choisi pour donner le message.

La vierge a signalé qu'elle partait. C'est là que le serviteur s'est souvenu de quelque chose d'important.

"Madame, ne pars pas parce que je veux vous dire. Consuelo parce qu'elle m'a dit qu'elle voulait la voir.

"Non. Tout le monde ne peut pas me voir. Elle me verra quand je l'emmènerai au paradis, mais elle doit prier Rosario comme je l'ai demandé. Soyez en paix ! À la prochaine fois !

"À plus tard !

Le nuage s'est levé, et avec elle a pris la figure du saint. Seul, la Marian dévouée a quitté leur chemin, repartir en ville. Ce serait une grande chance pour vous de réfléchir sur les conseils de l'éclairage. Cependant, à l'intérieur, j'avais déjà pris une décision sérieuse, de ne pas dire à personne ce que vous avez vu et entendu là-bas. Il a montré un peu égoïste de sa part, mais il faisait également partie d'un mécanisme de protection interne. Que diraient les autres ? Comment vous donnez-vous crédit à un simple gérant ? C'était craint que votre sécurité révèle ce secret.

Venant en ville, pria Rosario dans la chapelle et rentrait chez lui en silence complet. Toutefois, chaque moment qui passait, sa conscience pesait et une vague de chagrin passait par son cœur. Collecté dans votre chambre dans la prière, reçu le message divin que vous devez dire. Insistant, il pria de nouveau Rosario, demandant l'illumination du père créateur sur les faits. À ce stade, la peur d'être poursuivie était plus grande que le message lui-même.

Ça fait un moment, et il a continué avec sa routine. Bien qu'il essayât de se distraire, rien n'était jamais drôle parce qu'il était toujours cette voix intérieure insistant pour qu'il me dise l'apparence. C'était presque comme une bonne poursuite. Alors que son têtu est resté avec lui essayant de paraître fort quand il s'est trouvé presque une attaque nerveuse. Combien de fois n'avons-nous pas agi comme lui avant d'autres ou lui-même ? La peur et l'incompréhension enferment leur âme dans le pire des chaînes. Il manquait un peu de maturité ou un signe de destin qui l'a forcé.

Un jour, je marchais sur le terrain à la recherche d'un veau de son troupeau. Autant que je marchais, je n'ai pas trouvé l'animal. Il était déjà désespéré quand le même phénomène précédent est arrivé avant lui. La Reine du Ciel pensait à nouveau qu'elle était présente un regard plus sérieux que l'autre fois.

"Pourquoi n'as-tu pas dit ce que je t'ai envoyé dire ?

"Madame, j'ai peur. J'ai peur d'être la personne ridicule, peur qu'ils se moquent de moi, qu'ils ne me croient pas. Ceux qui ne croient pas que ça se moquera de moi. Ils diront que je suis fou.

"N'ayez pas peur. Je vais vous aider, et le dire au prêtre.

"D'accord !

L'apparence a disparu devant lui comme de la fumée. En avant, le pasteur vit le veau et l'emmena à la rivière, où il lui donna de l'eau. Il est rentré à la maison. Il s'est préparé et est allé chez des amis. Là, vous avez dit tous les faits. Comme réponse, vous avez été réprimandé. Cependant, le poids de la conscience s'est dissipé. Grâce à Mary, il se sentait libre une fois de plus.

Dans les prochains jours, il a commencé à dire aux gens qu'il connaissait. Comme on l'attendait, certains ne croyaient pas qu'il était fou. Mais le fait que tu lui aies dit était bon. C'est là qu'il découvrit l'importance et le cœur de sa mission, à être instrumenté au mot divin. Quant aux défis, il fallait délivrer tous les problèmes de méfiance aux pieds du Seigneur, où sa puissance résoudrait la confusion. Il n'y avait aucune raison de douter de la Sainte Mère de Dieu devant les preuves si claires.

Les jours plus tard, le moment est venu de rencontrer le vicaire de la paroisse. Dans l'Église, il témoigne de tout ce qu'il a vu et entendu parler des apparences. A la fin de l'histoire, l'homme de Dieu fut réflexible et poursuivi :

"Est-ce quelqu'un qui veut vous faire peur dans ces collines ?

"Je ne crois pas. Jusqu'à ce qu'il y ait une possibilité de le faire dans la rivière et dans les collines, mais au milieu du pâturage, il n'est pas possible qu'il y ait un champ ouvert.

"Pourrait-il être une tentation qui te poursuit ?

"Je ne sais pas pourquoi je pouvais parler de ce que j'ai vu et entendu.

"Allez au lieu des apparitions et priez Rosario là-bas. Quand vous visualisez l'apparence, faites le signe de la croix. En fait, étant bon ou mauvais, rien ne t'arrivera.

"D'accord ! Merci beaucoup de m'avoir écouté !

"Je suis à votre disposition ! Que Dieu vous bénisse !

"Amen !

Le pasteur s'est éloigné du site, initiant le plus heureux retour chez lui. Enfin, les anciens barrages routiers avaient été surmontés avec louange grâce aux miracles provoqués par le saint. Avec la foi en elle, je ferais son chemin avec certaines choses allaient marcher. Merci et loue la reine du ciel !

La deuxième apparition

Suivant les recommandations du prêtre, le médium et certaines personnes sont revenues sur les lieux d'apparition. Une fois arrivés, Rosario a été prié. Toutefois, malgré toutes les attentes, aucun phénomène n'a été observé. La seule issue du groupe était de rentrer chez nous totalement déçus. Qu'est-ce qui s'est passé ? Pour la première fois, la Marian dévouée vit ses forces affaiblies en public.

La réponse à votre agitation a été faite par un rêve nocturne. La belle dame est venue juste après la foudre et a été physiologiquement la même que la première apparition.

"Que veux-tu, maman ?

"Je veux que Rosario soit priée tous les jours.

« J'ai quelques demandes pour vous faire....

"Certains seront présents, certains ne le feront pas. Regarde le ciel !

En regardant dans la direction, le médium peut voir un groupe de personnes habillées en blanc se jeter au soleil. Splendeurs et éclairés, ils chantaient des gloires au Seigneur. C'était une belle fête. Même à distance, le spectateur pouvait sentir tout le bonheur de la même. Notre Dame a ensuite expliqué :

"Voyez, ce sont les premières communautés quand le christianisme a commencé. Ce sont les premiers catéchistes, dont beaucoup étaient des martyrs. Tu veux être des martyrs ? Tu veux être martyr toi-même ?

Même sans la dimension de ce que cette proposition représentait, le serviteur de Dieu répondit oui. En raison de son acceptation, une nouvelle image se présentait elle-même, un autre groupe habillé en couleur blanche. Ils portaient des rosaires lumineux entre leurs mains et l'un d'eux un livre. Pendant que l'on lisait des messages, les autres réfléchissaient quelques instants. Puis ils prièrent notre Père Notre et dix Salut Marie. Tous les dons prièrent ensemble ce qui donna à cette prière une puissance fantastique. À la fin de cette activité, la conversation s'est poursuivie.

"Ce sont les premiers à qui j'ai donné Rosario. C'est comme ça que je vous souhaite tous prier pour Rosario.

"Oui. On priera comme ça.

Une autre vision s'est produite. Comme aux Franciscains, chacun de leurs Rosario priait. À la fin de leur passage, la vierge a dit :

"Ceux-ci reçurent Rosario des mains des premiers.

Les visions suivirent l'écran de l'esprit du serviteur. Ce qui était présenté était une gigantesque procession de toutes les races, couleurs et ethniques. Le Rosario était un morceau commun à porter par eux, montrant la force de la Dame. Chacun reflétait la lumière divine.

"Madame, je vais avec ça parce qu'ils sont habillés comme moi.

"Non. Tu es encore en cours. Tu dois dire aux gens ce que tu as vu et entendu.

"D'accord !

« Je vous ai montré la gloire de notre Seigneur et vous l'aurez si vous êtes obéissant à notre Seigneur, la Parole du Seigneur, si vous persévérez dans la prière du Saint Rosario et mettez en pratique la Parole du Seigneur.

La vision a disparu, puis le manipulateur s'est réveillé. L'autre jour, il a rencontré le prêtre, lui disant tout. Pour en savoir plus, vous avez gardé un secret concernant ces faits. Quelques jours plus tard, la permission lui fut donnée et quelques personnes du village en ont entendu parler. L'entrée était plutôt réceptive. Un autre miracle attribué à la Sainte Vierge.

La troisième apparence

Le médium et une quarantaine de personnes sont revenues sur les lieux des apparitions. C'était un moment unique et spécial où ils chantaient, glorifiés et prièrent Dieu. Alors que la dame les laissa silencieusement, frustrant encore les attentes de tout le monde. Il fut laissé comme alternative aux pèlerins pour rentrer chez lui.

Dans le calme de sa maison, le pasteur se rassembla dans sa chambre, bientôt endormi à cause de sa fatiguée. Dans ses passages nocturnes, il est venu dans les mêmes messages en forme de rêve, il était au même endroit que prier dans le monde entier. Suivant les recommandations du maître, il fut intensément consacré à Rosario en faveur du religieux chrétien. Pendant le fait, il se souvint de la sœur d'un prisonnier qui avait demandé son intercession. Tu as décidé parce que tu as aussi prié pour lui.

Le serviteur s'agenouillait comme une révérence et leva les mains, en suppliant le garçon. Dans un instant, quand on change la direction du regard, un ange vit près des rochers. Il était jeune, grand, mince et portait tous les vêtements blancs.

"Votre prière fut entendue, l'ange dit.

Le cœur du prophète sauta de joie. Comment ça, tu es entendu ? Il était au courant de la puissance de ses intercessions, mais ce cas était vraiment difficile. Alors, surprends-la.

"Allez dire à la sœur du prisonnier d'aller le consoler dimanche parce qu'il est trop triste pour lui conseiller de ne pas signer un document, qui l'exhortera à signer un papier sur lequel il prend la responsabilité d'une somme d'argent ; il est innocent. Dis-lui qu'elle ne devrait pas s'inquiéter, elle pourra lui parler seul pendant longtemps, qu'elle sera traitée d'une manière amicale. Dis-lui d'aller lundi au quartier général de la police de Judigalpa pour compléter chaque étape de sa libération parce qu'il sera libéré ce jour-là. Dis-lui de prendre 1 000 cordobas parce qu'ils vont mettre la caution, poursuivent l'ange.

"J'ai deux ordres d'un cousin à faire pour la Sainte Vierge. Les demandes sont liées à des problèmes en raison de la dépendance du père et du frère à l'alcool et à l'ennui du travail.

"Les gens autour d'eux doivent être patients avec eux, et ils ne devraient pas se plaindre quand ils sont intoxiqués.

"D'accord ! Je vais transmettre ce message.

"Allez leur dire d'arrêter la dépendance, de le faire peu à peu et ainsi le désir vous quittera.

"Bien reçu. C'est une excellente stratégie.

"Dis à ton cousin qu'il sera agressé et qu'il se fera tirer dans le pied, précisément sur le talon gauche. Le temps après, ils le tueront.

"Cette phrase sur mon cousin ne peut être révoquée par la prière de plusieurs Rosario ?

"Non. C'est comme ça qu'il mourra, mais s'il entend ton conseil, sa vie peut être prolongée.

"Et le travail de mon cousin ?

"Elle ne devrait pas avoir peur. Tu dois rester fort comme tu es. Ne quittez pas votre travail parce que comme professeur qui a foi en Notre Seigneur, elle peut faire beaucoup de bien.

"Bien ! Comment suis-je censé me comporter devant ces événements ?

"Ne tourne pas le dos sur tes problèmes et ne maudis personne.

Cela dit, l'ange a disparu. En même temps, le médium s'est réveillé. C'était le matin et les vagues de chaleur du soleil traversaient les fissures de la maison, venant à lui. Il se sentait complètement renouvelé et prêt pour les surprises du nouveau jour.

Avec un sourire ouvert, il se lève, passant de sa chambre aux toilettes. Là, dans ton intimité, tu te parles en commençant le corps et le nettoyage de l'âme. Pour certains, le déshabillement et le lavage n'étaient qu'une convection sociale. Pour lui, c'était un rituel de communion avec Dieu et sa nature. À ce moment précis, il n'y avait aucune raison de mentir ou de vous tromper sur votre mission étant si importante. Il était temps de réfléchir, d'analyser les défauts et de tracer l'avenir avec la certitude que Dieu était responsable de tout. Dans celui-là, je pouvais aveuglément confiance parce que je ne l'ai jamais laissé seul quand j'avais le plus besoin de lui. C'est parce que, reconnaissant pour cela et en retour, il luttait pour être un bon chrétien.

Les résultats de ce que nous avons examiné ci-dessus montrent dans ses actions ce qui a provoqué l'admiration des autres. Parce que tu étais un modèle, tu ne pouvais pas laisser tomber ton sang. Décidé de faire confiance au cousin du secret passa par l'ange, bien qu'il coure le risque d'être considéré comme un fou. Mais sa seule issue était de le risquer.

Je suis sûr qu'il mène la séance de nettoyage avec une tranquillité relative. L'exercice récupère votre optimisme, votre santé mentale et votre disposition. À la fin de la scène, j'étais prêt à faire face aux défis constants que la vie vous avait imposés. Il ne fait aucun doute que j'ai pu les surmonter.

Sortir de la douche, retourne dans la pièce où tu sèches, tu portes les vêtements propres, tu peignes tes cheveux, tu portes ton parfum préféré et analyse ton profil dans le miroir. Vous devriez être impeccable ciblant les événements successifs. Il en est de même promis d'être très éclairant.

Quand c'est fait, tu vas à la cuisine où tu prépares et manges un snack rapide. Satisfait, vous quittez la maison, et vous allez rencontrer deux personnes, le frère du prisonnier et Mme Aide. Fais-leur confiance. Même réticent, ils promettent de suivre les instructions données par l'ange à travers le rêve.

Dimanche, ils sont allés voir la recluse. Votre cousin peut rester seul avec le prisonnier pendant longtemps pour vous demander de ne pas signer de papiers. Quand il est revenu à Cuapa, il a demandé un prêt.

Lundi, comme l'annonçait l'ange, il fut libéré de la caution. En raison de l'avertissement, Rosario a été prié. Cette nouvelle s'est répandue dans la région, donnant une plus grande crédibilité à cette série d'apparences. C'était comme une récompense pour leur effort.

En donnant une procédure aux requêtes reçues dans la vision, le médium a parlé à son oncle et à son cousin. La première croyait en ce message promettant de quitter la dépendance à la consommation d'alcool. La seconde a fait un petit conseil. Le temps passait et les prédictions de l'ange se réalisèrent. Cependant, le cœur de certains resta durci. Cela prouve l'amour de Dieu même face à l'indifférence et au froid de l'homme.

Des jours plus tard, le moment est venu de rencontrer Notre Dame. Au moment convenu, le médium et son groupe se déplaçaient au point d'apparition. Cependant, ils ont abandonné en raison de la difficulté de traverser la rivière parce qu'il était plein. Quel dommage ! Les pluies et les vents courants qui étaient les raisons du phénomène dans la rivière ont aidé l'environnement et l'homme de campagne. Mais ils ont arrêté une date de libération. C'est pour ça qu'ils étaient tellement désolés de vous et de contradictions satisfaites par l'aide céleste. Ces deux opposés se complètent et causèrent un miracle divin.

Pour eux, les chrétiens se répandent autour des rochers sur les rives. D'une seule voix, ils prièrent Rosario et louèrent le Seigneur par de nouveaux chants. À cette intermission, le volume d'eau de la rivière a ralenti un peu, ce qui a fait passer le groupe. Cependant, la belle dame n'est pas venue, causant des frustrations pour certains d'entre eux. À ce moment-là, ils devraient comprendre que le temps de Dieu n'était pas le leur. La seule sortie plausible était de rentrer chez eux, et c'est précisément ce qu'ils ont fait.

Avec les septièmes échecs de voir la Sainte Vierge, l'incrédulité en a repris certains. Parmi eux, il y avait le vicaire de la paroisse. Cependant, il a été prêt à aller sur le site de l'apparition pour en savoir plus profondément les faits. Et c'est arrivé. En silence, le duo dérivait les obstacles du chemin avec une force jamais montée. Ils semblaient ne jamais se fatiguer et être en pleine extase. Alors qu'il approchait le point désigné, il changea la direction du regard, en montrant quelque chose, en disant : "C'est l'endroit qui était dans mon rêve hier soir." Une sorte de bonheur remplit le cœur de ce petit pêcheur réaffirmant ce qu'il croyait, Marie était là. C'était un jour qui viendrait dans l'histoire. Satisfait, priait un peu, puis ils partirent pour s'occuper de leurs obligations respectives. Il y avait beaucoup à faire pour le travail de Mary.

La quatrième apparence

C'était le début du mois de septembre. Avec des amis, le médium est revenu au point d'apparition. Dès qu'ils sont arrivés sur les lieux, Rosario fut priée. À la fin de cet exercice religieux, ils pouvaient clairement voir la foudre. Dans une rangée, il y en avait un autre. C'est là que l'Immaculée Conception est apparue dans le nuage sous un petit arbre. Voyez comment le médium la décrit : "Elle était habillée en robe pâle de couleur crème. Il n'avait pas de voile, ni de couronne, ni de manteau. Pas d'ornement ou de broderie. La robe était longue, avec des manches longues, et elle avait une corde rose sur sa taille. Ses cheveux sont tombés sur ses épaules et il était brun. Les yeux aussi, bien que beaucoup plus clairs, presque la couleur du miel. Tout ça a rayonné de la lumière. Elle te ressemblait, mais c'était une enfant. C'est là que le contact a été initié.

"Que voulez-vous ?

"Je veux que tu pries pour Rosario.

"Laissez-vous être vu pour que tout le monde croie. Ces gens qui sont là veulent te voir.

"Non. C'est assez que tu leur donnes le message parce que pour ceux qui croient que ça suffira, et pour ceux qui ne le croient pas, même s'il me voit, il ne le croira pas.

"Nous pensions construire une église en votre honneur. Qu'est-ce que tu dis à ça ?

"Non. Le Seigneur ne veut pas d'églises matérielles. Il veut des temples vivants, ce qui sont vous-mêmes. Restaurer le temple saint du Seigneur. En vous, c'est la satisfaction du Seigneur.

"Je souhaite m'améliorer en tant qu'être humain. Quelles sont les valeurs essentielles ?

"Amour l'un l'autre. Je vous aime. Pardonnez-vous. Fais la paix. Ne la demande pas d'abord.

"Que dois-je faire avec l'argent qu'ils m'ont donné ?

"Faites un don à une chapelle à Cuapa. A partir de ce jour, ne prends pas de sou pour rien.

"Où pouvons-nous aller en communion avec Dieu ?

"En eux-mêmes. L'Église est vous-même. Les choses matérielles sont appelées "maisons de prière".

"Dois-je continuer dans le catéchuménat ?

"Non. Ne le laisse pas. Restez toujours fort dans le catéchuménat. Peu à peu, tu comprendras tout ce que le catéchuménat signifie. Comme un groupe communautaire médite sur les béatitudes, loin de tout le bruit.

"Quand devrais-je revenir ici ?

"Le 13 octobre.

Cela dit, le nuage s'est levé en emmenant avec vous au saint. Le groupe a dit au revoir au site à partir de leur retour à leurs maisons respectives. Ils remplissaient les obligations absentes avec la certitude qu'ils étaient bénis par la mère de Dieu. Vive la Sainte Mère de Dieu !

La cinquième apparition

Le 8, les mariaux dévoués ont assisté au site des apparitions en payant l'honneur de leur maître. Comme vous le saviez, la vierge ne s'est pas montrée, mais c'est pourquoi elle n'a pas cessé de profiter de son contact avec la nature en apprenant davantage sur le divin. Après une longue période, ils sont retournés chez eux en promettant de revenir un autre jour.

L'occasion a été donnée le 13, où les gens y ont assisté après une dévotion quotidienne dans la chapelle. Sur les lieux, le Rosario a commencé et loue Dieu. Dans le troisième mystère, il y a la formation d'un cercle lumineux sur le sol. La lumière est venue du ciel et dirigeait le regard vers le haut, elle l'a vue comme s'il s'agissait d'un anneau lumineux qui flottait au-dessus d'eux. Quel frisson les gens présents !

Il n'a pas fallu longtemps et a suivi le phénomène de la foudre. Notre-

Dame s'est ensuite présentée à l'atterrissage psychique viril sur les fleurs apportées par les pèlerins.

La Madone est dans le tas de pierres autour des fleurs, a averti le médium.

« Les gens ont fixé leurs yeux dans la bonne direction. Certains ont vu, et d'autres non, ce qui a un peu bouleversé le berger.

« Je vous bénis, ma mère ! Pourriez-vous vous montrer aux autres ?

« Non ! Tout le monde ne peut pas me voir !

« Non satisfait de la réponse, a insisté le pêcheur.

« Madame, permettez-leur de vous voir, afin qu'ils puissent vous croire ! Parce que beaucoup n'y croient pas. Ils me disent que c'est le démon qui vient me voir. Et que la vierge est morte et retournée en poussière comme n'importe quel mortel. Permettez-leur de vous voir, Sainte Mère !

La réaction de la reine du Ciel était instantanée, leva ses mains sur sa poitrine, pâle, sa robe devint grise et son expression devint triste et dissolue. Des larmes ont commencé à rouler de votre visage comme si c'était un appel de détresse. Votre serviteur a pris l'initiative.

"Madame, pardonnez-moi ce que je vous ai dit ! Je suis coupable ! La dame est en colère contre moi. Pardonnez-moi ! Pardonnez-moi !

"Je ne suis pas fâché ou en colère.

"Pourquoi pleures-tu ? Je la vois pleurer.

"Je suis désolé de voir le dur du cœur de ces gens. Mais tu devras prier pour eux qu'ils changent.

Cette réponse a le pouvoir d'un tremblement de terre dévastateur déstabilisant les émotions de l'employé. Ça a causé un cri compulsif sur lui. Parmi ce vent d'émotions, le saint a continué à transmettre les messages.

"Priez le Rosario, méditez les mystères. Ecoutez la Parole de Dieu qui y repose. Je vous aime. Je vous aime. Pardonnez-vous. Fais la paix. Ne demandez pas la paix sans faire la paix parce que si vous ne le faites pas, ce n'est pas bon de le demander. Fais ton devoir. Mettez la parole de Dieu dans la pratique. Trouvez des moyens de plaire à Dieu. Servez votre prochain parce que vous lui plairez ainsi.

"Madame, j'ai beaucoup d'ordres, mais j'ai oublié d'eux. Il y en a beaucoup. La dame les connaît tous.

« Ils me demandent des choses qui ne sont pas pertinentes. Demandez la foi qu'ils ont la force pour que chacun puisse porter sa croix. Les souffrances de ce monde ne peuvent pas être supprimées. La souffrance est la croix que vous devez porter. C'est ça la vie. Il y a des problèmes avec le mari, la femme, les enfants, les frères. Parlez, parlez, parlez, parlez et faites la paix. Ne revenez pas à la violence. Ne revenez jamais à la violence. Priez pour avoir foi pour que vous soyez patient.

« Je l'ai eu. Chacun doit accepter sa croix !

« Vous ne me verrez plus ici.

« Ne nous quittez pas, ma mère.

« Ne soyez pas fâché. Je suis avec vous, même si vous ne pouvez pas me voir. Je suis la mère de tous les pécheurs. Aimez-vous les uns les autres. Pardonnez-vous. Faites la paix parce que si vous ne le faites pas, il n'y aura pas de paix. Ne revenez pas à la violence. Ne vous tournez jamais vers la violence. Le Nicaragua a beaucoup souffert depuis le tremblement de terre et continuera de souffrir si vous ne changez pas tous. Si vous ne changez pas, vous précipiterez le début de la troisième guerre mondiale. Priez, priez, mon fils, partout dans le monde. Une mère n'oublie jamais ses enfants. Et je n'ai pas oublié ce que vous avez souffert.

Cela dit, il s'est progressivement élevé vers les cieux. Ce sera aussi marqué que la certitude que la Dame ne les abandonnerait jamais comme elle l'a promis elle-même. Merci et louez la vierge du ciel.

Notre-Dame Reine et messager de la paix

Jacareí-Brésil (1991-2017)

Jacareí est situé à 100 kilomètres de São Paulo. La route d'accès au site se fait par la BR 116, un tronçon qui relie São Paulo à Rio de Janeiro.

La ville est consacrée à Notre Immaculée Conception avant même la proclamation officielle du dogme de l'Immaculée Conception. Par la divine providence, elle a été choisie pour être le quartier général des apparences importantes des forces célestes. Bénis notre mère !

Principaux messages à Jacareí

« Mon fils, mon fils ! Vous devez vous sanctifier vous-même. La sainteté est un chemin difficile, mais... sa fin est réelle et glorieuse.

« Je viens demander des prières faites avec amour. Prière qui amène les hommes à comprendre l'amour.

« Concentrez-vous sur la prière, vivez avec humilité.

« Je souhaite que vous m'aimiez de plus en plus, que vous m'offriez de plus en plus votre cœur. Aimez le Dieu de toutes choses, pardonnez toujours et de plus en plus vos contrevenants.

« Donnez-moi de plus en plus de cœur... Dites à mes enfants de continuer à prier avec amour et confiance ; ne perdez pas espoir en Dieu !

« Regardez mon cœur, entouré d'épines et de douleurs... Je prends dans mon cœur vos souffrances ; je les offre au Seigneur dans mon cœur.

« Continuez à prier le Saint Troisième... Il est ma prière préférée, c'est le courant avec lequel vous allez tenir Satan, et renouveler le visage du monde entier !

« Je vous demande de vous aimer mutuellement. Allez à la table de l'Eucharistie pour recevoir la nourriture éternelle !

« Le troisième doit être accompagné de regrets ! Qu'il y ait de la contrition dans le cœur !

« Mes enfants, je vous souhaite ma paix ! Priez ! Priez ! Demandez pardon aux pécheurs.

« Priez avec votre cœur ! Ouvrez Dieu et son amour ! Vivez heureux et paix remplissez vos vies.

« Placez la paix sur vous-mêmes, et diffusez les autres cette paix. Je les aime et je veux leur donner ma Paix ! Je vous bénis.

« Priez et vivez la paix dans leurs cœurs. Plante-la dans tes cœurs et vive avec amour. Quand vous vous sentez confus, priez, demandez la Lumière du Saint Esprit, lisez l'Évangile, et tout sera clair.

« Si vous voulez me rendre heureux, priez sans cesse pour les pauvres pécheurs.

« Je prie aussi mon fils Jésus pour que vous me donniez les remerciements nécessaires pour les aider ! Suivez mon exemple, et priez aussi.

« Vous ne pouvez pas l'atteindre, à moins de prier ! Et quand vous leur demandez, demandez-leur quand la volonté de Dieu est faite, pas votre volonté.

« Satan est perdu dans le monde, cherchant à traîner toutes les âmes dans le péché et la conviction. La seule défense des chrétiens contre lui est avec beaucoup de prière et de jeûne.

« Je pleure parce que les péchés du monde sont trop grands, et parce que mes requêtes ne sont pas répondues. Beaucoup d'âmes se condamnent et un grand châtiment tombera sur la face de la terre... Priez beaucoup !

Notre Immaculée Dame a Apparu Conception

Brésil Réserve-1995

Elizete, Juliano, Janaina et Alice étaient quatre étudiants de la campagne. Chaque jour, deux étudiants emménagent dans une source où ils allaient laver la vaisselle du déjeuner. À l'une de ces occasions, le jeune Elizete fut surpris de voir une lumière magnifique, et il sortit un homme. Voyant la fille avait peur, il l'a rassurée :

"N'ayez pas peur ! Je m'appelle Gabriel, l'ange de la paix. Reviens ici dans trois jours, et tu auras une surprise. Ne dis rien à personne !

"J'ai compris ! Ok !

L'ange disparaît, et la jeune dame est retournée à l'école en route pour terminer la classe de jour. Comme convenu, elle est revenue à la date spécifiée. Vous avez revu la lumière, seulement en forme de Notre Dame apparut. Curieux, essayé de toucher l'image. Qu'elle a bougé ! Il a peur, il est parti. C'est là qu'il a entendu :

"N'ayez pas peur ! Je suis la mère du ciel, la mère de Jésus.

Mais tu n'avais pas le cran de revenir. Dès ce jour-là, elle a commencé à agir étrangement, ce qui attirait l'attention de son professeur. Crois-lui comme une amie, elle révéla le secret et de là quelques jeunes se rassemblaient et priaient sur le site des apparences.

Une série de visions a commencé où la Reine du Ciel s'est présentée à beaucoup de gens.

Principaux messages sur la réserve

« Chers enfants ne regardent pas les opéras de savon, les spectacles d'horreur, les films et les dessins. Attention. L'ennemi a beaucoup de plans pour détruire les familles, et ça me rend triste. Je vous aime tellement. Ne suis pas la mode. Priez pour ceux qui ne pensent qu'aux choses de ce monde. Bénissez-vous tous. Amen.

« Jésus est heureux avec les gens qui prient, ont la foi et demandent. Je t'invite à être avec moi au paradis un jour, l'adresse de Dieu. Mes enfants, pour mon Fils Jésus, je vous remercie pour tous ceux qui prient Rosario dans cet endroit, et je vous demande de prier pour ceux qui ne prient pas. Seul l'Esprit Saint vous allumera pour vous rapprocher de Dieu. Mes enfants, quand Jésus revient voulu éviter de trouver ses enfants dans les vices, renoncer à la fumée, à l'alcool et à la drogue. C'est pour la prière que vous serez libérés. Jésus veut sauver tout le monde du péché, il est mort sur la croix pour sauver tout le monde et continue à guérir et à libérer de tout mal. Je vous remercie et vous bénisse tous. Amen.

« Chers enfants, le retour de mon fils Jésus est très proche, quand il revient que ses enfants soient prêts, ne dormant pas dans la foi. Les enfants, Jésus vous déversera l'Esprit Saint. Priez et priez. Attention à Satan, donc je ne détruis pas mes plans. Garde toujours ton cœur ouvert à Jésus pour entrer. Amen.

« Mes chers enfants, je prie encore une fois à Rosario, Satan ne vient pas près de ceux qui prient avec moi. Sois forte, je serai toujours avec toi dans les épreuves. Bénis-tu. Amen.

« Les enfants écoutent leurs parents. Mes enfants, à la fin, mon cœur triomphera. Priez, priez. Amen

« Priez pour ceux qui demandent des prières, pour les enfants de la rue et pour les malades, je vous bénirai tous. Priez, priez, c'est ma demande.

« Ma chère fille va à l'école du dimanche tous les jours à la messe, tu auras toujours ma protection. Je remercie tous les gens qui ont prié hier mille salut Marie. Merci pour les sacrifices, les prières qu'ils ont accomplis et offerts pour moi et mon fils Jésus. Pour toute ma mère bénédiction et éclairage du Saint Esprit. Amen.

« Chers enfants, le Saint-Cœur de Jésus est la source de tout amour. Priez et consacrez chaque jour à Son cœur. Amen.

« Chers enfants, je suis la reine de la Paix, la mère de vous tous. Dépêche-toi, prie pour la conversion des pécheurs. Je souhaite la paix pour tous. Amen.

« Fils, je suis venu sur la terre pour vous demander de prier, et pour vous enseigner à tous à prier, surtout au Rosario, c'est ma simple prière. Mon amour pour toi est si grand. Bénis-tu. Amen.

« Mes chers frères ont emmené ma mère, m'ont emmené. Le mien le prendra avec moi un jour. Amen.

« Chers enfants, je demande la prière, la pénitence et le jeûne pour la conversion des jeunes." Je te donne ma paix.

« Chers enfants, soyez toujours heureux, Jésus est toujours avec vous dans les épreuves. Soyez obéissants et priez. Les enfants prient en cette période de carnaval, mes enfants me blessent le cœur et le cœur de mon fils Jésus. En ces jours, priez mille Salut Marie en réparation des péchés commis. Amen.

« Mes chers enfants, je vous souhaite la paix. Vivre dans la charité et l'amour. L'amour est la lumière de la conversion. Enfants, Jésus est le chemin de la lumière, je souhaite que chacun se sauve du péché. Priez, les enfants.

« Aujourd'hui encore, je vous invite à la conversion, à la pénitence, à la prière et à jeûner le mercredi et le vendredi. Je vous ai choisi les enfants pour vous demander : "Priez, priez, priez."

« Mes chers enfants, je viens du ciel à la terre pour sauver mes enfants. Je suis le patron de votre Brésil, votre Immaculée Mère de la Paix Conception.

« Mon petit frère, mon amour est si grand pour toi. Je souhaite à chacun ma paix, mon amour. Je renverse dans leurs cœurs ma paix. Amen.

« Mes chers enfants, je vous invite à accepter la paix et à prier pour la paix. Amen.

« Chers enfants, Jésus est la lumière du monde. Vivez dans la charité et le pardon. Est-ce que tout ce que je vous demande et être saint comme ton Père du Ciel est saint ? Amen.

« Sois comme des enfants dans mes genoux. Aimez Dieu, aimez le prochain et pardonnez-vous comme frères. En ce jour spécial, je veux vous demander de vous dépêcher dans la conversion. Faites pénitence, jeûne et prière. Le retour de Jésus est proche. Bénis-tu. Amen.

« Mes chers enfants, je suis au milieu de vous, je vous demande de prier pour Papa Jean Paul II, pour l'évêque et les prêtres. Je donnerai la paix à tout le monde. Amen.

"Chers enfants, priez, priez, priez, priez." Jésus mourut sur la croix pour les pécheurs. Méditez sur la souffrance et la mort de Jésus pour nous. Je vous bénis. Amen.

« Chers enfants, je pleure des larmes de sang pour mes enfants à convertir, mais beaucoup n'acceptent pas la conversion. Ainsi, les enfants bien-aimés prient et prient pour la conversion des pécheurs, pour les cœurs durs de la pierre. Amen. Amen.

« Les enfants, aujourd'hui je vous invite à genoux aux pieds de mon fils Jésus qui est dans le tabernacle et vous adorent. J'adore. Amen.

« Mes chers enfants, je suis au milieu de vous et je vous invite à prier de plus en plus. Ne vous découragez pas dans les épreuves. Je leur donnerai de la force. Bénissez-vous tous.

« Chers enfants, je viens ici pour apporter ma paix. Priez pour ceux qui les critiquent, ceux qui ne m'acceptent pas. Je suis la mère de tous, livrée par mon fils Jésus. Bénissez-vous tous. Amen.

« Mes chers enfants, aujourd'hui je vous demande de prier pour les familles, pour les consacrés à mon cœur.

« Chers frères, vous vivez dans un Thanksgiving et beaucoup de tribulations. Priez. Bénis-tu. Amen.

« Mes chers enfants, je vous demande de convertir en Jésus mon fils. J'adore ton prochain. Fais ce que je te demande. Je vous aime tous. Amen.

« Chers petits frères, la paix de notre Seigneur Jésus Christ soit avec vous. Je serai toujours avec vous, dans tous les dangers, priez avec moi et ne craignez pas, croyez seulement. Je suis l'ange de la paix, je m'appelle Gabriel Archange.

« La paix soit avec vous. Chers petits-enfants, ayez la foi vivante et vraie. Seules tes prières aideront ces jours-ci. Je les aime beaucoup et ne me décourage pas. Priez tout le temps. Bénis-tu. Amen.

« Chers enfants, consacrez mon cœur Immaculé et mon fils, Jésus. Je me précipite pour me convertir. Quand tu me loueras, mon fils et moi, les anges font la fête au ciel. Je vous aime tous et vous bénis. Amen.

"Chers frères se convertissent, convertissent, car les temps sont brefs." Je vous aime tous et vous bénisse pour la Sainte Trinité. Père, Fils et Saint-Esprit. Amen.

« Mon fils Jésus et mon amour sont toujours dans leurs cœurs. Chaque jour, je me tiens à côté de toi, je te vois prier, travailler, je suis la mère de l'Amour. Bienvenue dans vos cœurs, l'amour de ma mère. Je suis content des gens qui prient et convertissent. J'apprécie les fleurs que tu m'apportes. Prenez mes grâces et mes bénédictions. N'oublie jamais que je t'aime tant. Amen.

« Mes enfants, je pleure pour mes enfants qui ne se soucient pas de Dieu. J'intercepte toujours Jésus pour tous mes enfants. Je le reprendrai jusqu'au jour de la punition que mes enfants se convertissent. En outre, mes messagers transmettront mes messages. Les enfants, j'ai besoin de vos prières, de vos sacrifices, pour m'aider.

« Mes chers enfants, aujourd'hui encore, je demande la conversion et prie davantage parce que dans le monde d'aujourd'hui, beaucoup veulent en savoir plus que Dieu. Beaucoup de mes enfants se perdent, pour échanger la véritable Église de Jésus-Christ, pour de fausses religions et cultes. Je vous demande de prier pour les prêtres, pour que les évêques ne soient pas découragés sur la randonnée.

« Mes frères, je suis le Dieu vivant et vrai, croire en l'Eucharistie. Je suis là et je suis Jésus lui-même. Je donne ma paix à tout le monde. Amen.

« Beaucoup d'enfants ici font du mal à mon cœur Immaculé. J'aime tout le monde avec l'amour maternel. Je vous demande de convertir, car les temps approchent. Allez à la messe. Priez pour les âmes du purgatoire. Quand je pleure, l'enfer saute de joie. Comme au Ciel, Mère accueille tout le monde dans mon cœur. Ne crois pas que le mal dort, il veut te prendre en main. Priez pour m'aider à fermer les portes de l'enfer. Beaucoup, beaucoup d'enfants ne croient plus en Eucharistique. Croyez-moi, Jésus pendant que vous pouvez recevoir dans vos cœurs en communion, car quand le faux pape est assis sur la chaise, il interdit l'Eucharistie et la confession et bien d'autres choses. Aide-moi. Amen. Amen.

« Chers enfants, c'est avec joie que je transmette ce message. Jésus vous demande de prier, de convertir, Jésus se précipite, car son retour est proche. Priez pour le Saint Père, Papa Jean Paul II, qu'il ait la force et la foi dans cette marche. Moi, Mère de Jésus, je vous bénis pour la Sainte Trinité. Père, Fils et Saint-Esprit. Amen.

« Je vous apporte ce message avec beaucoup d'amour et de joie. Priez le Saint Rosario avec foi, amour et dévotion. Donne à Dieu tes cœurs. Il entend vos prières. Jésus veut être adoré dans le Saint Sacramento. Je vous bénis pour la Sainte Trinité, Père, Fils et Esprit Saint. Amen.

« Mes chers enfants, aujourd'hui je descends du ciel pour vous bénir. Je suis l'Immaculée Conception de la Reine de la Paix, et je veux vous demander de consacrer le Saint-Cœur de Jésus et mon Cœur Immaculé. J'ai rempli vos cœurs de paix et de joie. En outre, je suis heureux avec toi parce que je t'aime tous avec l'amour maternel. Je vous bénis tous pour la Sainte Trinité. Amen. J'apprécie que vous correspondiez à mon appel.

« Mes chers enfants, aujourd'hui mon fils Jésus est né pour les sauver du péché. Beaucoup de gens ne se souviennent même pas que Dieu existe. Ils ne pensent qu'aux partis, amusants, et ils ne se souviennent même pas de prier le Troisième, parce qu'ils ne pensent qu'aux choses dans le monde, donc je vous demande de convertir pour gagner le ciel. Nous, la Sainte Famille, vous bénissons tous. Amen. Père, Fils et Saint-Esprit.

« Chers enfants, la paix soit dans leur cœur. Aujourd'hui, je descends du ciel pour vous demander de convertir dès que le retour de Jésus sera proche.

« Chers enfants, aujourd'hui c'est avec beaucoup d'amour que je donne ce message. Je t'aime beaucoup, et je te demande de ne pas décourager cette marche, je suis avec toi et je te bénis, pour le Père, le Fils et l'Esprit Saint. Amen. Mes enfants, je vous demande de prier Rosario chaque jour parce qu'il lie Satan. Je suis toujours avec toi. Amen.

« Mes enfants bien-aimés approchent de la punition. Ils deviennent le plus tôt possible parce que sinon ils vont dans le feu éternel. Convertir.

Je veux les emmener au paradis. Oh, les enfants, comment je pleure pour ceux qui ne croient pas, et ne se soucient pas de Dieu. Je vous aime tant et je vous bénis. Amen.

« Les enfants sont très heureux que je sois ici aujourd'hui pour vous demander de travailler davantage sur les prières, de jeûner le mercredi et le vendredi, de faire pénitence pour ce travail. Attention à l'ennemi car ces jours-ci, il y aura beaucoup d'épreuves. Je serai toujours avec vous. Je vous bénisse. Amen.

« La paix de mon fils Jésus et de ma paix reste avec vous. Mes fils, je vous remercie d'avoir élevé cette croix en signe de ma victoire et de la défaite de Satan. Moi et mon fils Jésus, nous étions présents pour les aider. Après avoir cessé mes apparitions, je vous demande de poursuivre la dévotion du premier vendredi du mois en désaccord avec le Saint-Cœur de Jésus, le premier samedi du mois dédié à mon Cœur Immaculé et le premier samedi du mois dédié à mon Cœur Immaculé et le premier dimanche dédié à mon Cœur Immaculé aux deux cœurs, le premier samedi du mois de Jésus et Marie du Saint-Cœur de Jésus, le premier samedi du mois dédié à mon Cœur Immaculé et le premier dimanche dédié aux deux cœurs, Jésus et le premier samedi du mois du mois du Saint-Cœur de Jésus, le premier samedi du mois de Jésus dédié à mon je vais, je veux que cet endroit soit transformé en un petit Medjugorje. Je vous bénisse. Amen.

« Chers fils descendent du ciel pour vous dire, je veux que vous continuiez à prier tous les jours, ici dans ma grotte et continuez à vivre mes messages. Ils vous emmènent, mes enfants, au chemin du ciel. Je ne veux pas que tu abandonnes ce que Jésus et moi t'avons appris. Mes enfants, un jour, vous paierez pour cela, priez et cherchez à vivre ce que nous vous avons enseigné. Fils, je remercie tous ceux qui sont là pour nous aider avec ce travail. Je veux que tu continues et ne t'arrêtes pas. Jésus et moi vous remercions pour tout. Je laisse ma bénédiction à vous tous. Amen.

« Mes enfants, je vous souhaite la bienvenue aujourd'hui à tous dans mon cœur Immaculé, et au cœur de mon fils Jésus. Les enfants, n'oubliez pas de venir ici si simple, j'ai choisi de donner mes messages. Tous consacrés à nos cœurs sont gardés dans mon cœur Immaculé et le Saint-Cœur de mon fils Jésus. Aujourd'hui, je viens avec joie et beaucoup d'amour pour vous donner ce message. N'oublie pas, prie toujours Rosario avec dévotion. Je vous remercie, mes chers enfants, d'être ensemble un jour de plus, loué à mon cœur et à mon fils Jésus. Aujourd'hui, je vous remercierai tous, mon bien-aimé. Continuez à jeûner et à pénitence, allez toujours à la messe Sainte, commune et avouez. Profitez-en parce que les temps sont courts. Je suis la reine de la Paix. Ne vous découragez pas. Vivez mes messages et non seulement écoutez-les. Mon amour pour toi est sans fin. Croyez mes signes ici. Je ne serai plus avec vous physiquement visible, mais je serai toujours avec vous à chaque moment de votre vie. Je suis content de toi, donc je pleure avec joie. En outre, je vous bénis pour le Père, le Fils et le Saint-Esprit. Amen.

« Mes enfants, ma génération, aujourd'hui je viens vous annoncer avec amour mes messages pour votre conversion. Mes frères bien-aimés, les gens m'écoutent attentivement ce message et continuent à le mettre en pratique. Profitez de cette fois pour m'accueillir, avec amour, en Eucharistie. Je les aime et leur demande de prier Rosario en famille. Faites jeûner et réparer la pénitence, car beaucoup d'hommes et de femmes pèchent contre mon cœur le plus saint. Je ne veux pas que les hommes se comportent comme des femmes et des femmes comme leurs hommes. Prenez cette requête urgente parce que je vous aime beaucoup. Ma glorieuse approche est très proche. Je laisse ma bénédiction. Amen.

Chapitre spécial

Notre Dame m'a toujours accompagné sur le chemin de la terre. Mère et conseillère, objectiviez mon bon à tout prix et c'est ce qu'elle veut pour sa vie. Là-bas, suit quelques-unes de mes expériences spirituelles et dates avec la mère de Dieu.

Sous un arbre

C'était presque midi. Malgré la chaleur, l'environnement était calme et confortable pour être parmi les arbres du jardin d'une place. Je pensais à la vie et aux difficultés quand soudain une belle femme forte et vieille est venue à moi. Souriant, elle a interrogé :

"Croyez-vous en Dieu, mon fils ?

"Oui, je le sais.

Sans demander la permission, elle a mis sa main droite sur mon front priant :

"Que la puissance et la gloire du créateur vous couvrent et vous allument.

En ce moment même, j'ai senti une paix et une joie profondes. C'était comme si je me sentais complète. Instants plus tard, la dame m'a dit au revoir doucement. Je l'ai suivie un peu jusqu'à ce que rien ne disparaisse de ma vision. J'ai essayé de la chercher, mais sans succès. Il s'est évaporé. J'ai envahi cette présence à la mère de Dieu comme un vœu de foi.

Dans la maison de loterie

Je jouais à des jeux pour essayer ma chance comme n'importe quel citoyen ordinaire. En ligne, avant moi, et il y avait une figure d'une femme mulatine habillée en franchises. Elle m'a regardé et m'a demandé :

"Pouvez-vous m'aider, jeune homme, avec quelques dollars ?

"Notre apparence a changé en son sentiment de confiance. Souriant, j'ai dit :

"Oui. Je peux !

Je lui ai donné des pièces de ma poche. Merci, elle était là à essayer sa chance. J'ai approché la fenêtre de présence et payé ma facture. Quand je suis parti, je ne voyais plus mon bienfaiteur. Ils ont dit qu'ils n'avaient pas vu une telle femme. Dans mon intime, mon cœur vient de cogner ! Il ne fait aucun doute que la mère de Dieu a testé ma bonté, et Dieu merci, je correspondais à vos attentes.

Dans la foule

C'était un jour comme n'importe quel autre. J'étais dans la foule espérant arriver plus de passagers quand une belle dame est arrivée. Elle s'est assise à côté de moi et a ouvert un joli sourire. Je me sentais intimement lié à cet étranger sans explication réelle. On s'était déjà connus depuis longtemps. Sans puissance, résistant, j'ai initié le contact :

"Tout va bien, madame ?

"Je vais bien. Comment allez-vous ?

"Vivre la vie. Comment tu t'appelles, et où habites-tu ?

"Je m'appelle Mary et moi vivons à Belo Garden. Je suis marié et j'ai trois enfants.

"Bien ! Je m'appelle Aldivan et je suis à côté. Je vis avec ma mère et mes frères.

"Avez-vous encore une mère ? C'est bien. J'ai déjà perdu ma mère. C'est si triste. Maman est la chose la plus importante de notre vie, n'est-ce pas ?

"Oui. Les mères ne meurent jamais. Ils sont toujours avec nous, d'une façon ou d'une autre.

"Maintenant que tu me l'as dit, je deviens émotionnel ! Tu veux dire que je retrouverai ma mère après ma mort ?

"Avant et après.

"Bien ! Tu as l'âme d'un enfant. Il doit être un bon garçon !

« Avec mon travail, j'aide dix personnes directement et milliers indirectement par la fonction publique. Je me sens accompli.

"Quelle merveilleuse !

"Quelle est ta religion ?

"Je suis catholique. Un de mes enfants est charpentier, le métier de père. On est une famille très proche. J'ai un projet et j'aide beaucoup de gens.

"Comme c'est cool ! J'aimerais aussi rejoindre un projet comme ça. Mais parfois, il y a le temps.

"Ne parle pas comme ça ! Parfois, un mot suffit pour aider l'autre.

"Je comprends. Je ne sais pas comment, mais je me sens très à l'aise avec toi.

"Bien ! Moi aussi ! Ça doit être parce que la lumière attire la lumière, non ?

"Oui !

"Regarde ! J'adorais te rencontrer ! Je sais que vos rêves seront accomplis. Tu es un excellent garçon !

"J'adorais te rencontrer aussi !

"Merci !

La voiture part, et on se tait pendant le cours. Quand je lui ai dit au revoir, c'était une piste de désir. J'ai trouvé cette femme une vraie face de Marie. Une vraie mère ! Vive la Sainte Mère de Dieu !

Des miracles personnels

J'ai deux miracles à travers l'intercession de la Dame, un problème respiratoire et un autre vasculaire. Les deux fois, j'ai senti la main de Dieu me guérir, ce qui m'a beaucoup déplacé. Mon exemple est la preuve que chacun croit en l'amour de Dieu et de sa mère pour l'humanité. Vive Mary !

Message reçu quand j'ai commencé à écrire le livre

"Je suis content de ta décision, je te protège et je te donne beaucoup de paix !"

Je vous adresse ici après ce merveilleux rapport avec la certitude de la mission accomplie. Que le nom de la mère de Dieu soit de plus en plus !

La fin

www.ingramcontent.com/pod-product-compliance
Lightning Source LLC
LaVergne TN
LVHW020440080526
838202LV00055B/5284